pHenomeno duvidoso
Um guia de pH para meninas.
Marcy Schaaf
Português
AF427481

pHishy
pHenomenon
A pH guide for girls.
Marcy Schaaf
Portugese

Welcome to the bubbly world where suds, giggles, and pH mysteries await! In "pHishy pHenomenon," we stumbles into soapy chaos, discovering that using the wrong pH balance can turn a bath into a bubbling blunder. Get ready for a hilarious adventure filled with slippery slides, hay bale hair, and a superhero's skin suit gone wrong! Until we find the secret to perfect pH, or will we be caught in the soapy shenanigans of the pHishy pHenomenon? Dive into this bubblicious tale, and let the laughter and learning begin!

Bem-vindo ao mundo borbulhante onde espuma, risadas e mistérios de pH aguardam! Em "pHishy pHenomenon", tropeçamos no caos ensaboado, descobrindo que usar o equilíbrio de pH errado pode transformar um banho em um erro borbulhante. Prepare-se para uma aventura hilariante cheia de escorregadores escorregadios, fardos de feno e um traje de super-herói que deu errado! Até encontrarmos o segredo do pH perfeito, ou seremos apanhados nas travessuras ensaboadas do fenômeno do pH suspeito? Mergulhe nesta história alegre e deixe o riso e o aprendizado começarem!

understanding pH effects
1 2 3 4 5 6 7 8 9 10 11 12 13 14
Strongly Acidic
Weakly Acidic
Weakly Alkali
Strongly Alkali

entendendo os efeitos do pH
1 2 3 4 5 6 7 8 9 10 11 12 13 14
Strongly Acidic
Weakly Acidic
Weakly Alkali
Strongly Alkali

Today, we learn the magic of pH balance!

Hoje aprendemos a magia do equilíbrio do pH!

Bubble Bath Bonanza!

High pH bubbles—uh-oh! The bubbles pop,
and a not-so-sweet smell fills the air.

Lesson:

High pH smells bad!

Let's find the perfect pH for our bubbly adventures.

Bonança do banho de espuma!

Bolhas de pH alto — uh-oh! As bolhas estouram e um cheiro não tão doce enche o ar.

Lição:

pH alto cheira mal!

Vamos encontrar o pH perfeito para nossas aventuras borbulhantes.

Face Wash Fiasco!

Low pH face wash—oops!
Your face turns oily, like a
slippery slide!

Fiasco da lavagem
facial!

Lavagem facial com pH
baixo – opa!
Seu rosto fica oleoso,
como uma lâmina
escorregadia!

Tip:

Low pH makes skin oily. Let's discover the ideal pH for a fresh-faced feel.

Dica:

O pH baixo torna a pele oleosa. Vamos descobrir o pH ideal para uma sensação de frescor.

Shampoo Shenanigans!
High pH shampoo—splash!
Makes hair feels like a
hay bale!

Xampu Travessuras!

Shampoo de pH alto —
respingo! Faz o cabelo parecer
um fardo de feno!

High pH makes hair sad, Let's
uncover the secret of luscious
locks with perfect pH.

PH alto deixa o cabelo triste. Vamos descobrir o segredo de mechas exuberantes com pH perfeito.

Bar Soap Blunder!
Low pH soap—eek!

Skin feels tight,
like a superhero's suit
gone wrong!

Erro de sabonete em barra!
Sabonete com pH baixo — eek!

A pele fica tensa, como se o
traje de um super-herói
tivesse dado errado!

Let's unveil the mystery of soft,
supple skin with the right pH.

The magic number—7!
Just like tap water,
it's the skin's best friend.

Vamos desvendar o mistério da pele
macia e flexível com o pH certo.

O número mágico — 7!
Assim como a água da torneira,
é a melhor amiga da pele.

Perfect pH Party!

Bubble Bash:

Our skin loves pH 7!
It's the magic number for a
bubbly, fresh, and fantastic
feeling.

Festa pH perfeita!

Festa de Bolha:

Nossa pele adora pH 7!
É o número mágico para
uma sensação alegre, fresca
e fantástica.

Marvelous Makeover!

Use all pH 7 goodies—a bubbly bath, fresh face, silky hair, and soft skin!

Reforma Maravilhosa!

Use todas as guloseimas de pH 7 – banho espumante, rosto fresco, cabelo sedoso e pele macia!

Let's share the magic
of perfect pH
with our friends.

Vamos compartilhar a
magia do pH perfeito com
nossos amigos.

Bubbly Ballet:

Dance with us,
Feel the magic of perfect pH
and let the fun begin!

Balé Borbulhante:

Dance connosco, sinta a
magia do pH perfeito e deixe
a diversão começar!

Tell the secrets of perfect pH .

Conte os segredos do pH perfeito.

What happens with low pH?

O que acontece com pH baixo?

What
happens with
high pH?

O que acontece
com pH alto?

What soap is right for your skin?

Qual sabonete é ideal para sua pele?

1 2 3 4 5 6 7 8 9 10 11 12 13 14
Strongly Acidic
Weakly Acidic
Weakly Alkali
Strongly Alkali